Erizos

Julie Murray

Abdo
ANIMALES NOCTURNOS
Kids

abdopublishing.com

Published by Abdo Kids, a division of ABDO, PO Box 398166, Minneapolis, Minnesota 55439.
Copyright © 2019 by Abdo Consulting Group, Inc. International copyrights reserved in all countries.
No part of this book may be reproduced in any form without written permission from the publisher.

Printed in the United States of America, North Mankato, Minnesota.

052018
092018

THIS BOOK CONTAINS
RECYCLED MATERIALS

Spanish Translators: Telma Frumholtz, Maria Puchol

Photo Credits: iStock, Minden Pictures, Shutterstock

Production Contributors: Teddy Borth, Jennie Forsberg, Grace Hansen

Design Contributors: Christina Doffing, Candice Keimig, Dorothy Toth

Library of Congress Control Number: 2018931608

Publisher's Cataloging-in-Publication Data

Names: Murray, Julie, author.

Title: Erizos / by Julie Murray.

Other title: Hedgehogs. Spanish

Description: Minneapolis, Minnesota : Abdo Kids, 2019. | Series: Animales nocturnos |
    Includes online resources and index.

Identifiers: ISBN 9781532180170 (lib.bdg.) | ISBN 9781532181030 (ebook)

Subjects: LCSH: Hedgehogs--Juvenile literature. | Nocturnal animals--Juvenile literature. |
    Spanish language materials--Juvenile literature.

Classification: DDC 599.33--dc23

Contenido

Erizos

Es de noche y algo **gruñe**.

¿Qué es? ¡Es un erizo!

Los erizos pueden vivir un

muchos lugares.

Viven en bosques y campos.

Algunos viven en desiertos.

Son animales pequeños.

Pesan aproximadamente

1.5 libras (0.7kg).

Tienen la nariz larga y los

ojos pequeños.

Tienen **púas** afiladas. Tienen

pelaje en la cara y en la panza.

Duermen en el nido durante todo el día. Comen de noche.

Comen insectos. También les
gustan los gusanos y los huevos.

Viven entre dos y siete años.

Características de los erizos

nariz larga

ojos pequeños

pelaje

púas

Glosario

pelaje
pelo corto, fino y suave de algunos animales.

gruñir
sonido, como el bufido de un cerdo, que a veces emiten los erizos cuando comen.

púas
espinas afiladas y huecas de los erizos.

Índice

Abdo Kids
ONLINE
FREE! ONLINE MULTIMEDIA RESOURCES

¡Visita nuestra página **abdokids.com** y usa este código para tener acceso a juegos, manualidades, videos y mucho más!

Código Abdo Kids:
NHK4060

24